Género Ficción

I0799070

Pregunta esencial

¿Qué nos inspira?

Ayer, hoy y mañana

Sebastián Olaso

ilustrado por Rosario Valderrama

CAPÍTULO 1

Viajar por agua

En cuanto entraron en la casa de los abuelos, Mariela y Ariel supieron que la fiesta iba a ser diferente. El abuelo cumplía sesenta años y la abuela había preparado una fiesta sorpresa. El abuelo estaba feliz y muy sorprendido. Abrazó a los nietos y con un guiño de ojos, les dijo:

—¡Vaya, qué sorpresa verlos!

La abuela había preparado un pastel enorme y había puesto fotografías del abuelo por toda la sala. En la fiesta también estaban los tíos y los primos. Todos estaban alegres y conversaban muy animados. Una de las tías hablaba de sus vacaciones. Un primo contaba que ya había aprendido a andar en bicicleta.

En un momento, Ariel miró una de las fotografías que mostraba al abuelo, muy joven, junto a un barco.

—¿Tú construiste ese barco, abuelo? —preguntó Ariel.

El abuelo miró la fotografía un instante y contestó emocionado:

—No, querido Ariel. Solo ayudé a construirlo. Pasaron muchos años entre ese día y el día en que construí mi primer barco.

—Pero, ¿qué hacías junto a ese barco entonces, abuelo? —preguntó Mariela.

El abuelo contó que cuando era niño, su padre lo llevaba al puerto a comprar pescado. Luego se quedaban un rato largo frente al mar sereno mirando los barcos.

—A tu bisabuelo le gustaban los barcos tanto como a mí —le dijo el abuelo a Mariela.

—¿Y qué es lo que te gustaba tanto, abuelo? —preguntó Ariel.

—Los barcos son muy pesados. Y no solo se mantienen a flote, sino que también son capaces de recorrer distancias muy largas.

—¡Nunca había pensado en eso, abuelo! —dijo Mariela.

CAPÍTULO 2

Viajar por tierra

La abuela y papá repartieron bocadillos y jugo.

—No coman demasiado. ¡Pronto traeremos los dulces! —dijo la abuela.

—Cuéntanos más acerca de los barcos, abuelo —dijo Ariel.

—Siempre me hice las mismas preguntas: ¿Cómo flotan los barcos? ¿Hacia dónde van? El mar es una gran caja de sorpresas. ¿Cómo soportan las tormentas en altamar? Gracias a esas preguntas, pronto supe que, cuando creciera, sería ingeniero.

—Abuelo, ¡yo también me hago preguntas como esas! —dijo Mariela.

Todos la miraron con curiosidad. Mariela se dio cuenta de que esperaban que ella dijera algo más.

—¿También quieres saber hacia dónde van los barcos? —preguntó Noelia, la prima de Mariela y Ariel.

—Sí —dijo Mariela—. Pero en realidad, me gustan más los puentes y los túneles de las carreteras. Me gusta mucho mirar los puentes.

—¡Son muy bellos! —dijo mamá.

—A veces me pregunto cómo se sostienen los puentes. Los vehículos son muy pesados, ¿verdad, abuelo? —dijo Mariela.

—Así es, pequeña, son muy pesados.

—Y los túneles están bajo montañas que también son muy pesadas. ¿Cómo soportan tanto peso? —dijo Mariela.

—¿Sabes cómo lo averiguarías? —preguntó la tía Noelia.

—¡Sí! —dijo Mariela entusiasmada—. ¡Lo averiguaré cuando estudie ingeniería! ¡Y también quiero aprender hacia dónde van los caminos!

—Eres una hermosa fuente de sabiduría, pequeña —dijo el abuelo sonriendo.

CAPÍTULO 3

Viajar por aire

La abuela trajo unas galletas dulces y unos bombones. La mamá de Noelia dijo que las galletas estaban deliciosas. Mariela y el abuelo seguían hablando de barcos, túneles y puentes.

Ariel escuchaba en silencio. Mamá se acercó a él y le preguntó:

—¿En qué piensas, hijo?

—Siempre miro los aviones. Me gusta imaginarme que van hacia un lugar muy bello y muy lejano —dijo Ariel.

—¡Vaya, vaya! —dijo la abuela—. Veo que a todos nos gustan los vehículos, el mundo y los paisajes.

—¡Sí! —dijeron Mariela y Ariel a coro.

—Nunca había pensado en eso —dijo Ariel—. Me estoy dando cuenta ahora que escucho lo que dicen Mariela y el abuelo.

—Es que no es sencillo encontrar las palabras, ¿verdad? —dijo papá.

—Hace unas semanas, Noelia y los tíos fueron de vacaciones a las montañas —dijo Ariel.

—¡Es cierto! —dijo la mamá de Noelia—. ¡Es un lugar muy bello!

—Y cuando ustedes estaban allí, yo me imaginaba esos paisajes —dijo Ariel—. Pero no sabía si eran como me imaginaba.

Detective del lenguaje	En la oración que está subrayada en esta página, ¿cuál es el verbo auxiliar?

Noelia miró a Ariel con una sonrisa y dijo:

—Pero luego viste las fotografías...

—Sí. Y el lugar es más hermoso de lo que me había imaginado. Si yo fuera piloto de avión, podría viajar por todo el mundo y conocer muchos lugares.

—¡Y ya no tendrías que imaginártelos! —dijo el abuelo.

—¡Y los verías desde arriba! —dijo Mariela.

—Bueno —dijo mamá—. Las fotografías del abuelo han sido una gran inspiración para los niños.

—El mundo es una gran inspiración para todos —dijo la abuela.

—Y tus galletas son una gran inspiración para disfrutar de esta fiesta —dijo papá.

Y todos continuaron hablando de ayer, de hoy y de mañana, de viajar por agua, por tierra y por aire. La abuela también contó el secreto para que sus galletas fueran tan sabrosas:

—Hay que dejar la masa en reposo durante una hora.

—¡Será muy difícil que los niños se queden en reposo con tantos planes para cuando crezcan! —dijo el abuelo y todos se rieron con ganas.

Unos minutos después, la abuela trajo un enorme pastel decorado con muchas velitas.

—¡Fe-liz cum-ple-a-ños, abuelo! —dijeron todos.

—Así es, queridos míos —dijo el abuelo—. Me siento muy feliz en mi cumpleaños.

Al soplar las velitas, el abuelo pidió tres deseos. Luego, les pidió a los niños que cerraran los ojos y se imaginen en lo felices que serán cuando crezcan.

Detective del lenguaje

¿Para qué se usan los guiones en la oración subrayada en esta página?

Entonces, Mariela cerró los ojos y se imaginó construyendo un túnel que cruzara la montaña.

Ariel, con gran emoción, se imaginó pilotando un avión bien alto en el cielo.

Respuesta a la lectura

Resumir

Usa detalles del cuento para resumir *Ayer, hoy y mañana*. El organizador gráfico te servirá de ayuda.

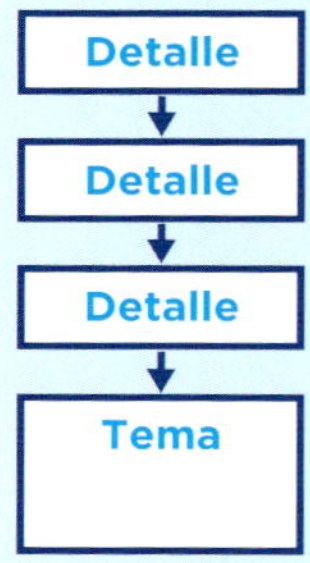

Evidencia en el texto

1. ¿Cómo sabes que *Ayer, hoy y mañana* es un cuento de ficción? **GÉNERO**

2. ¿Cómo inspira el abuelo a Mariela y a Ariel para que descubran en qué les gustaría trabajar cuando crezcan? **TEMA**

3. En la página 8, el abuelo dice: *Eres una hermosa fuente de sabiduría, pequeña*. ¿Qué significa esta metáfora? **METÁFORAS**

4. ¿Cuál es el mensaje del cuento? Usa detalles del cuento para tu respuesta. **ESCRIBIR SOBRE LA LECTURA**

Género **Poesía**

Compara los textos

Lee un poema sobre la luna.

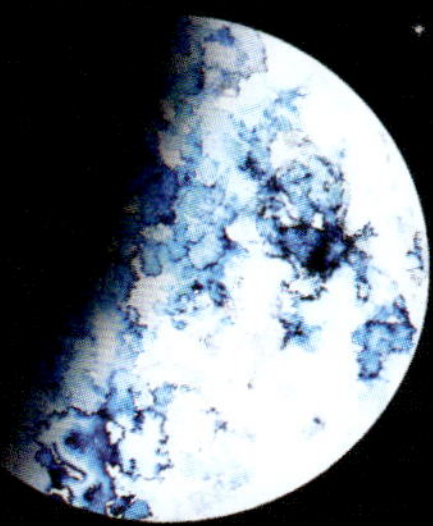

La luna

Alberto Blanco

La luna es un ave
con plumas de azúcar:
la mano que sabe
no la toma nunca.

La luz es la luna
y el mar terciopelo:
me contento con verla
en la paz del cielo.

La luna es un dulce,
la luz, un cometa:
¡la noche del mundo
es casi perfecta!

La luz es la luna

y el mar es coral:

me contento al verla

sólo hasta el final.

¿? Haz conexiones

¿Qué inspira al niño del poema? **PREGUNTA ESENCIAL**

¿En qué se parecen Mariela y Ariel, de *Ayer, hoy y mañana*, y el niño del poema? **EL TEXTO Y OTROS TEXTOS**

Enfoque:

Elementos literarios

Poema narrativo Un poema narrativo cuenta una historia. Algunos poemas narrativos pueden tener rima o ser poemas de verso libre.

Lee y descubre *La luna* es un poema narrativo porque cuenta una historia. El poema, además, está escrito con rima. ¿Puedes hallar un ejemplo de rima en la página 18?

Tu turno

Piensa en alguien que te inspire. Escribe un poema narrativo sobre esa persona. Puedes usar rima o verso libre. Si eliges escribirlo en verso libre, usa la repetición para dar ritmo al poema.